CATALOGUE

D'ESTAMPES

ANCIENNES

PRINCIPALEMENT

DE L'ÉCOLE FRANÇAISE DU XVIIIᵉ SIÈCLE

EAUX-FORTES MODERNES

DESSINS ET LIVRES

GRAVURES EN LOTS

Dont la vente aux enchères publiques aura lieu

HOTEL DES COMMISSAIRES-PRISEURS

RUE DROUOT, 9, SALLE Nᵒ 5

Le Samedi 23 Mars 1889

A deux heures très précises.

Mᵉ PAUL CHEVALLIER	M. JULES BOUILLON
Commissaire-priseur,	Marchand d'Estampes de la Bibliothèque nationale,
10, RUE DE LA GRANGE-BATELIÈRE, 10	3, RUE DES SAINTS-PÈRES, 3.

PARIS — 1889

CATALOGUE

D'ESTAMPES

ANCIENNES

Lundi 10 heures
Bon de Commereul

47 avenue Champs Elysées

CATALOGUE

D'ESTAMPES

ANCIENNES

PRINCIPALEMÉNT

DE L'ÉCOLE FRANÇAISE DU XVIIIe SIÈCLE

EAUX-FORTES MODERNES

DESSINS ET LIVRES

GRAVURES EN LOTS

Dont la vente aux enchères publiques aura lieu

HOTEL DES COMMISSAIRES-PRISEURS

RUE DROUOT, 9, SALLE N° 5

Le Samedi 23 Mars 1889

A deux heures très précises.

Par le ministère de Me PAUL CHEVALLIER, Commissaire-Priseur,
rue de la Grange-Batelière, 10

Assisté de **M. J. BOUILLON**, Marchand d'Estampes de la Bibliothèque Nationale
rue des Saints-Pères, 3

PARIS — 1889

CONDITIONS DE LA VENTE

Elle sera faite au comptant.

Les acquéreurs payeront *cinq pour cent* en sus des enchères, applicables aux frais.

M. J. Bouillon, chargé de la direction de la vente, se réserve la faculté de rassembler ou de diviser les lots.

DÉSIGNATION

ESTAMPES

ALIBERT (A Paris, chez)

1 Beauté du Palais-Royal, in-8 en couleur. Très belle épreuve, marge.

ALIX (P.-M.)

2 Corday (Marie-Anne-Charlotte), in-fol. en couleur. Très belle épreuve, encadrée.

ANONYMES

3 L'Attention dangereuse, pièce ovale en largeur, gravée en bistre. Très belle épreuve avant la lettre.

4 Louis XVII, roy de France, âgé de VIII ans, in-8. Belle épreuve, marge.

5 Mauduit (Thomas), colonel du régiment du Port-au-Prince, in-fol. encadré.

AUBRY (d'après E.)

6 L'Abus de la crédulité, par N. De Launay. Très belle épreuve, marge.

BANCE (A Paris, chez)

7 L'Amour rêveur. — Orphée et Eurydice. Deux pièces en couleur. Belles épreuves.

BARTOLOZZI (F.)

8 The Dowager Queen of Edward the 4th parting with the Duke of York to te two Archbishops, by order of Richard the III. — The Dukes of Northumberland and suffolk praying lady Jane Gray to accept the Crown. Deux pièces d'après Cipriani. Belles épreuves.

BAUDOUIN (d'après P.-A.)

9 ·Les Amants surpris, par P. P. Choffard, 1767 (E. B. 3). Très belle épreuve.

10 — Les Amours champêtres, par P. P. Choffard, 1767 (7). Très belle épreuve.

11 — Annette et Lubin, par N. Ponce (9). Très belle épreuve, marge.

12 — Le Carquois épuisé, par N. de Launay (11). Très belle épreuve.

13 — Le Chemin de la fortune, par Voyez Major (14). Très belle épreuve.

14 — Le Catéchisme, — Le Confessionnal. Deux pièces faisant pendants, gravées par P. E. Moitte (12 et 15). Très belles épreuves.

15 — Le Coucher de de la mariée, par J. M. Moreau le jeune et J.-B. Simonet (16). Très belle épreuve.

16 — Le Danger du tête-à-tête, par Simonet (18). Très belle épreuve avec marge.

17 — L'Enlèvement nocturne, par N. Ponce (20). Superbe épreuve avec marge.

18 — L'Epouse indiscrète, par N. de Launay, 1771 (21). Très belle épreuve.

19 — Le fruit de l'Amour secret, par Voyez Junior (23). Très belle épreuve.

20 — Le Jardinier galant, par Helman, 1778 (25). Très belle épreuve.

21 — Le Poète Anacreon, par N. de Launay. Belle épreuve.

22 — *Jusques dans la moindre chose...*, par L.-J. Masquelier (27). Très belle épreuve, marge,

BAUDOUIN (d'après P.-A.)

23 — L'Agréable Négligé, par Janinet, en couleur (28). Très belle épreuve.

24 — Le Lever, — La Toilette. Deux pièces faisant pendants, gravées par Massard et N. Ponce, 1771 (29 et 48). Très belles épreuves.

25 — Marchez tout doux, Parlez tout bas, par P. P. Choffard, 1782 (30). Très belle épreuve.

26 — Le Matin, — Le Midi, — Le Soir, — La Nuit. Suite de quatre pièces gravées par de Ghendt (32, 33, 35 et 46).

27 — Le Modèle honnête, par Moreau et Simonet (34). Très belle épreuve.

28 — La Rencontre dangereuse, par Le Veau (40). Très belle épreuve.

29 — Le Rendez-vous, gravé en couleur en imitation du pastel, par L. Bonnet. Très belle épreuve.

30 — Sa Taille est ravissante, par Le Beau, 1776 (43). Très belle épreuve.

31 — La Sentinelle en défaut, par N. de Launay, 1771 (44). Très belle épreuve.

32 — Les Soins tardifs, par N. de Launay (45). Très belle épreuve.

33 — La Soirée des Tuileries, par Simonet (47). Très belle épreuve.

BAUDOUIN, FREUDEBERG ET LAVREINCE (d'après)

34 — L'Enlèvement nocturne, — L'Evénement au bal, — Le Petit jour, — Le Repentir tardif. Quatre pièces. Belles épreuves.

BEECHY (d'après W.)

35 — The Gipsy fortune tellr, gravé à la manière noire, par Young. Très belle épreuve, marge.

BOILLY (d'après L.)

36 — Marche incroyable, par Bonnefoy. Epreuve avec toute sa marge.

BOLSWERT (S.-A.)

37 — Paysage avec danse sur le devant. D'après Rubens.

BONNET (L.)

38 — Les Epoux heureux, — La Gouvernante discrète. Deux pièces de forme ronde, en couleur. Belles épreuves. Rares.

39 — Jeune Fille en buste, gravé en imitation du pastel, d'après Le Clerc. Très belle épreuve, encadrée.

BOSIO (D.)

40 — Bal de société, en couleur. Très belle épreuve, encadrée.

41 — La Bouillotte, en couleur. Très belle épreuve, encadrée.

42 — La Lanterne magique. Très belle épreuve, en couleur, avec marge. Encadrée.

43 — Le Coucher des ouvrières en linge, — Le Lever des ouvrières en linge. Deux pièces en couleur faisant pendants. Très belles épreuves, encadrées.

44 — Les quatre Coins, — Le Volant, — La Main chaude, — Le Collin-Maillard. Suite de quatre pièces en couleur. Très belles épreuves, encadrées.

BOUCHER (d'après F.)

45 — Tête de Flore (portrait de Mme de Pompadour), gravé par Bonnet en imitation du pastel, d'après le dessin de Boucher (192). Très belle épreuve avec marge, encadrée.

BOUCHER (d'après F.)

46 — Portrait de Mlle Coypel, en grandeur nature, gravé en imitation du pastel, par L. Bonnet (59). Très belle épreuve avec marge, encadrée.

47 — Favart (Mme), dans le rôle de Ninette, représentée debout, appuyée sur son rateau, gravé aux trois crayons, par Demarteau. Belle épreuve.

48 — Têtes de jeunes femmes. Deux pièces gravées aux trois crayons, par Demarteau (155-230). Très belles épreuves.

49 — Bustes de jeunes femmes. Deux pièces gravées à la sanguine, par Bonnet (13-14). Très belles épreuves, avec marges.

50 — Jeune femme nue, assise sur des draperies, gravé à la sanguine, par Bonnet. Très belle épreuve, toute marge.

51 — La Bohémienne, — La petite Lessive, — La petite École, etc. Huit pièces gravées à la sanguine, par Demarteau.

52 — La Maîtresse d'école, gravé en bistre, par Le Prince. Belle épreuve, marge.

53 — Renaud et Armide, gravé en couleur, par Jubier. Belle épreuve.

54 — Nymphe au bain surprise par un berger, gravé en sanguine, par Demarteau. Belle épreuve.

55 — De trois choses en ferez-vous une? — Elle mord à la grappe. Deux pièces gravées, par Pasquier. Bonnes épreuves.

56 — Fontaine, — Armoiries, — Sujets d'amour, etc., neuf pièces par divers graveurs.

57 — Nouveau livre de vases, dessiné et gravé par Boucher fils. Huit pièces.

BRETON (A Paris, chez Mme)

58 — Les Amours luteurs, — Les Amours gaillards, — Bacchus et l'Amour. Trois pièces en couleur. Bonnes épreuves.

BRION (d'après)

59 — Assassinat de Michel Le Pelletier. In-fol. en largeur. Belle épreuve.

BURGESS (d'après W.)

60 — Gypsies, — A Summer Evening repast. Deux pièces faisant pendants, gravées par J. W. Edye. Très belles épreuves, grandes marges.

CARICATURES

61 — Le Bon genre. Quatre-vingt-cinq pièces de cette suite,

62 — Le Musée grotesque. Quarante-sept pièces de cette suite.

63 — Le Départ, — Exercice de recrues anglais, — Les Anglais à la ménagerie, — Les Anglais en Bourgogne, — Amusements des Anglais à Londres, — Amusements des Anglais à Paris, — Les Anglais au canal de l'Ourc, etc. Neuf pièces coloriées, publiées chez Martinet.

64 — Caricatures diverses sur Napoléon. Sept pièces en noir et coloriées.

65 — Le suprême Bon-Ton, — Chit....., chit....., — fi-donc ! Quatre pièces coloriées, publiées chez Martinet.

66 — Café des Aveugles, pièce publiée chez Martinet, coloriée.

67 — Annales du ridicule. Suite de vingt-quatre pièces numérotées, dont nous n'avons que vingt et une. Manque les n°s 19, 20 et 21. Coloriées.

CARICATURES

68 — La Science infuse, ou les docteurs du jour, — Les mélo-
manes ambulants, — La Dame soufflée, — l'Amour à la
mode, — Les Inséparables, — Ils tournent selon le vent,
— L'Auteur au comité, — La Belle décidée, — Le Lutrin
de village, — Le Sermon de village, etc. Dix-sept pièces
coloriées.

69 — Caricatures allemandes et costumes militaires. Quarante-
deux pièces coloriées.

70 — Caricatures anglaises publiées par W. Fores en 1795 et
1796. Vingt-trois pièces.

71 — Caricatures diverses, par Philipon, Traviès, Bellangé,
Pigal, Charlet, etc. Vingt et une pièces.

CARMONA (M.-S.)

72 — Dona Isabel Parreno, Arce, Ruiz de Alarcon, y Valdes,
d'après Mengs, in-fol. en pied. Belle épreuve, marge.

CHATAIGNIER

73 — Titre de : *Différentes figures utiles à plusieurs genres.*
Belle épreuve, marge.

CHARDIN (d'après J.-B.-S.)

74 — La Pourvoïeuse, par Lepicié, 1742. Superbe épreuve,
toute marge.

CRÉPY (A Paris, chez)

75 — A bon chat, bon rat, — La suivante commode. Deux
pièces faisant pendants. Belles épreuves.

DAULLÉ (J.)

76 — Favart (Mme), dans le rôle de Bastienne, d'après Vanloo.
In-fol en pied. Belle épreuve.

DEBUCOURT (P.-L.)

77 — Scène d'incendie, grande pièce en hauteur. Très belle épreuve avant toutes lettres.

78 — Houssard Anglais, d'après C. Vernet. Belle épreuve, marge.

79 — Le Départ du chasseur, — Le Chasseur au tirer, — Le Retour du chasseur. Trois pièces d'après C. Vernet. Très belles épreuves.

80 — Le Chasseur, d'après C. Vernet. Très belle épreuve, grande marge.

DELVAUX (R.)

81 — Sévigné (Marie de Rabutin-Chantal, marquise de), d'après Nanteuil, in-8. Très belle épreuve, marge.

DE NON

82 — Madame *Le Brun*, d'après elle-même. In-8. Bonne épreuve.

DESPREZ

83 — Encadrement avec armoiries et attributs militaires. Belle épreuve. Rare.

DIVERS

84 — Marie *Leczinska*, — Bon de *Boullongne*, — Ant. *Fure-tière*, — Ch. *Le Brun*, — J.-B. *Oudry*. Six portraits, in-fol., par Tardieu, Thomassin, Edelinck, etc.

85 — Portraits de la galerie de Florence. Neuf pièces.

86 — Portraits d'après Rembrandt, Lievens, Halls, etc. Dix pièces.

87 — De *Thoyras*, — G. *Schalken*, — *Chalier*, — *Le Pelletier* St. *Fargeau*, — *Mieris*, etc. Huit portraits, in-4 et in-fol.

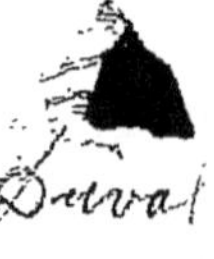

DIVERS

88 — Caricatures et ornements. Cinq pièces.

89 — Portraits et sujets des dix-septième et dix-huitième siècles. Soixante-trois pièces.

DREVET (P.)

90 — Ch. G. *Dodun*, — Le cardinal *Dubois*, — H. *Rigaud*, —
Le cardinal de *Rohan*. Quatre portraits in-fol. d'après Rigaud. Belles épreuves.

DUMOULIN (F.-A.-L.)

91 — Mort de Marat, — Mort de Le Pelletier Saint-Fargeau.
Deux pièces faisant pendants. Très belles épreuves, avec
marges.

DUNKER

92 — Carte d'avis du sieur Maurer, peintre, à Berne. Belle
épreuve.

DUPIN

93 — *Voltaire* et *Rousseau*. Deux portraits in-8 faisant pendants. Belles épreuves, toutes marges.

DUPLESSIS-BERTAUX

94 — Palais Égalité, Lycée des arts. Société d'amateurs,
Entrée personnelle. Belle épreuve rare.

DUPLESSIS-BERTAUX ET LEVACHEZ

95 — Portraits des personnages qui ont le plus marqué dans
la Révolution française. Soixante-et-onze pièces.

DUTAILLY (d'après)

96 — Illustrations pour *Paul et Virginie*, douze pièces de
forme ovale, gravées, en couleur, par Guyot, et imprimée
sur six feuilles. Très belles épreuves, toutes marges.

DUTAILLY (d'après)

97 Quatre pièces doubles des précédentes. Très belles épreuves, toutes marges.

DYCK (d'après Ant.)

98 Lucas *Vorstermann*, — J. van *Ravesteyn*, — H. *Steenwijck*, — Gerardus *Segers*, — Lucas van *Uden*, — Le marquis de *Moncade*, — Petrus de *Iode*, etc. Treize portraits par divers graveurs.

EARLOM (R.)

99 The Royal Academy of arts de Londres, d'après Zoffany. Très belle épreuve.

100 Le duc d'*Arenberg* représenté à cheval, d'après van Dyck, in-fol. en manière noire. Très belle épreuve.

ÉCOLE FRANÇAISE DU XVIIIe SIÈCLE

101 Estampes diverses d'après Pater, Aubry, Lancret et Leprince. Cinq pièces.

102 Estampes diverses gravées à la sanguine, d'après Watteau, Dagommer, Le Brun et Schenau. Sept pièces.

ÉCOLE ALLEMANDE

103 Le Haras royal de Frederichsbourg. 1827. Huit pièces dans la couverture de publication.

EDELINCK et LÉPICIÉ

104 H. *Rigaud*, d'après lui-même, — L. de *Boullongne*, d'après Rigaud. Deux portraits in-fol. Belles épreuves.

EISEN (d'après Ch.)

105 Cinq pièces in-4 gravées par de Ghendt, pour *les Moissonneurs*. Très belles épreuves.

FRAGONARD (d'après H.)

106 Les Baignets, par N. de Launay. Belle épreuve, marge.

107 La Fontaine d'amour, par N.-F. Regnault. Très belle épreuve.

108 Le Petit prédicateur, — L'Education fait tout. Deux pièces gravées par de Launay. Très belles épreuves, marges.

109 Le Verrou, par Blot. Très belle épreuve.

FREUDEBERG (d'après)

110 Costume de sénateur, gravé par G. Eichler. Encadré.

GILLOT (Claude)

111 — Costumes de la Comédie-Française, — De la Comédie-Italienne — et de l'Opéra-Comique. Dix pièces in-8. Belles épreuves, avec marges.

112 — Costumes pour balets. Onze pièces. Belles épreuves, avec marges.

GOUDT (H.)

113 Tobie et l'ange, portant le poisson. Belle épreuve.

GOYA (F.)

114 Portraits équestres, d'après Velasquez. Six pièces.

GRAVELOT (d'après H.)

115 Vignettes pour les *Contes moraux* de Marmontel. Vingt-sept pièces avec grandes marges.

GREUZE (d'après J.-B.)

116 L'Hermite, par Marais. Très belle épreuve avant la lettre.

HUET (d'après J.-B.)

102 **117** L'Amant écouté, — L'Eventail cassé. Deux pièces faisant pendants, gravées en couleur par Bonnet. Très belles épreuves.

42 **118** — The Sump, — The Balance. Deux pièces faisant pendants, gravées en couleur par Bonnet. Très belles épreuves. Rares.

30× **119** — Vénus et l'Amour, gravé aux trois crayons, par Demarteau. Belle épreuve.

INCROYABLES

12 **120** — Arrivée des remplaçans, — Départ des remplacés. Deux pièces faisant pendants. Belles épreuves.

3 **121** — Le Riche du jour ou le Prêteur sur gages, — Pauvre rentier ruiné... Merlan à frire-à-frire. Deux pièces gravées par J.-L. Julien. Belles épreuves.

ISABEY d'après)

24× **122** — Mme *Dugazon*, gravé par Monsaldy, en couleur. Très belle épreuve.

18 **123** — *Marie-Louise*, impératrice des Français, en couleur. Très belle épreuve, marge.

JEAN (A Paris, chez)

124 — Réception de S. M. Louis XVIII à l'hôtel de ville de Paris, par le corps municipal, le 29 août 1814. Belle épreuve.

J. L. A. (d'après)

26× **125** — Mail Coach, gravé par F.-C. L. Belle épreuve, marge.

JEAURAT (d'après Ét.)

38 **126** — La Place des Halles, — La Place Maubert. Deux pièces faisant pendants, gravées par Aliamet. Très belles épreuves, avec grandes marges.

JEAURAT (d'après ET.

127 — Le Joli dormir, par Mme Tardieu. Belle épreuve, marge.

JAZET

128 — L'Officier polonais chez un marchand de chevaux, en couleur. Belle épreuve.

LANCRET (d'après N.)

129 — Le Gascon puni, par de Larmessin. Belle épreuve avant l'adresse de Buldet.

130 — Le Matin, — L'Après-Dîné. Deux pièces gravées par de Larmessin. Belles épreuves.

131 — Le Jeu des quatre coins, — Le Jeu de cache-cache mitoulas. Deux pièces faisant pendants, gravées par de Larmessin. Très belles épreuves.

132 — Les Saisons. Suite de quatre pièces en largeur, gravées par de Larméssin. Très belles épreuves.

LARDY (E.)

133 — Billet d'invitation au bal donné par les dames directrices de la Redoute. Très belle épreuve. Rare.

LAVREINCE (d'après N.)

134 — L'Accident imprévu, — La Sentinelle en défaut. Deux pièces faisant pendants, gravées par d'Arcis, en couleur. Très belles épreuves, encadrées.

135 — Les mêmes estampes, en couleurs. Très belles preuves, encadrées.

136 — L'Assemblée au concert, — L'Assemblée au salon. Deux pièces faisant pendants, gravées par F. Dequevauviller. Très belles épreuves, avec marges, encadrées.

137 — Le Billet doux, — Qu'en dit l'abbé ? Deux pièces faisant pendants, gravées par N. de Launay (10 et 51). Très belles épreuves.

LAVREINCE (d'après N.)

138 Le Concert agréable, — Le Mercure de France. Deux pièces gravées par C.-N. Varin et Guttenberg. Belles épreuves.

139 Le Coucher des ouvrières en modes, — Le Lever des ouvrières en modes. Deux pièces faisant pendants, gravées par F. Dequevauviller (16 et 36). Très belles épreuves.

140 — Le Mercure de France, par Guttenberg le jeune (Beaumarchais, lisant sa comédie du *Mariage de Figaro* (38). Superbe épreuve avec la première adresse, celle de Vidal.

141 — Les Nymphes scrupuleuses, par Vidal (42). Très belle épreuve.

142 — Les Offres séduisantes, par J.-L. Delignon (43). Très belle épreuve.

143 — La Soubrettre confidente, par G. Vidal (61). Très belle épreuve.

LAVREINCE ᴇᴛ TRINQUESSE (d'après)

144 — Le Retour trop précipité, — L'Irrésolution ou la Confidence. Deux pièces faisant pendants, gravées par J.-A. Pierron, 1787. Belles épreuves.

LE BARBIER ʟ'ᴀɪɴᴇ́ (d'après)

145 — L'Ange d'or, gravé, en couleur, par L'Éveillé. Très belle épreuve, toute marge.

LE CLERC (S.)

146 Illustrations pour les Fables d'Ésope. Vingt-deux pièces. Très belles épreuses, toutes marges.

LE PRINCE (d'après J.-B.)

147 — L'Enfant chéri, — Le Bonheur du ménage. Deux pièces faisant pendants, gravées par de Launay. Belles
épreuves, grandes marges.

148 — Le Bonheur du ménage, par N. de Launay. Belle
épreuve, marge.

LESPINASSE (d'après B.)

149 — Les Premiers martyrs de la liberté française, ou le
Massacre de la garde nationale de Montauban, le X mai
1790, gravé par J.-B. Simonet. Belle épreuve.

LEVACHEZ

150 — Le Flambeau de l'univers : Portraits de Voltaire, de
Rousseau et de Franklin, dans un même médaillon rond,
en couleur. Très belle épreuve. Rare.

151 — Modèles du conseil : Portraits de Michel de l'Hôpital et
de Gaspard de Coligny, dans un même médaillon rond,
en couleur. Très belle épreuve. Rare.

LIVRES

152 — Delange (Carle). Recueil de toutes les pièces con-
nues jusqu'à ce jour de la faïence française, dite faïence de
Henri II et Diane de Poitiers, dessinées par Carle Delange et publiées par MM. Henri et Carle Delange. Paris,
1861, in-fol. en feuilles, texte et 47 planches en couleurs.

153 — Delange (C.) et C. Borneman. Monographie de
l'œuvre de Bernard Palissy, suivie d'un choix des ou-
vrages de ses continuateurs ou imitateurs, dessinée et
lithographiée par MM. Carle Delange et C. Borneman,
avec texte par M. Sauzay, conservateur-adjoint au Louvre, et M. Henri Delange. Paris, 1862. 52 planches en
couleur et partie du texte.

LIVRES

154 Col **Delange** (C.) et C. **Borneman**. Recueil de faïen-
ces italiennes des quinzième, seizième et dix-septième
siècles, dessinées et lithographiées par MM. Carle Delange et C. Borneman, avec texte par M. Alfred Darcel
et M. Henri Delange. Paris, 1867. 70 planchcs en cou
leur, en livraisons.

155 Col **A Lièvre** (Edouard). Works of art in the collections
of england drawn by Edouard Lièvre... and engraved
by Bracquemond, Courtry, Flameng, Greux, Le Rat, etc.
Holloway and Son... London, s. d. In-fol. en portefeuille.

MARIN (L.)

156 Cat The Milk Woman, — The Woman taking Coffee. Deux
pièces en couleur, dans des bordures rehaussées d'or.
Belles épreuves, encadrées.

157 Cat-com Les mêmes estampes. Très belles épreuves, encadrées.

MECHEL ET BAYNES

158 Vue du fameux Mont-Blanc dans le Haut-Faucigny en
Savoie, d'après Bacler d'Albe. — A View of Cheapside,
in the city of London. Deux pièces en couleur.

MONNET (d'après C.)

159 Jupiter et Io, par Vidal. Superbe épreuve avant la lettre et avant la draperie, grande marge.

160 — Renaud et Armide, par Vidal. Très belle épreuve avant
la lettre et avant la draperie, grande marge.

161 — Le Roi d'Éthiopie abusant de son pouvoir, par Vidal.
Très belle épreuve avant toutes lettres et avant la draperie, grande marge.

162 Col Le Roi d'Éthiopie abusant de son pouvoir, par Vidal.
Bonne épreuve.

MONNET (d'après C.)

163 — Vénus et Adonis, par Vidal. Très belle épreuve avant la lettre et avant la draperie, grande marge.

164 — Bonaparte donnant la paix à l'Europe, gravé par F.-A. David. Belle épreuve, marge.

MONSIAU (d'après)

165 — Le Lion de Florence, par Cazenave. Belle épreuve.

MOREAU (J.-M.)

166 — Fêtes données au Roi et à la Reine par la ville de Paris, le 21 janvier 1782, à l'occasion de la naissance de Monseigneur le Dauphin. Arrivée de la Reine à l'hôtel de ville, — Le Feu d'artifice. Deux pièces faisant pendants. Très belles épreuves, avec marges.

MOREAU LE JEUNE (d'après J.-M.)

167 — La Beauté sans apprêts, dédié à Mme la marquise de Crussol d'Amboise, gravé par Moithey fils, 1781, imprimé en bistre. Très belle épreuve. Rare.

168 — Déclaration de la grossesse, — Les Précautions, — C'est un fils, Monsieur! — Les Délices de la maternité, — Les Petits parrains, — Les Adieux, — L'Accord parfait. Sept pièces réductions in-8. Très belles et rares épreuves avant la lettre.

169 — Les Dernières paroles de J.-J. Rousseau, par H. Guttenberg. Très belle épreuve, toute marge.

170 — Arrivée de J.-J. Rousseau aux Champs-Elisées, par C.-F. Macret, 1782. Très belle épreuve avant la dédicace, toute marge.

MÜLLER (J.-G.)

171 — Louis Seize, en pied et manteau royal, d'après Duplessis. Très belle épreuve.

NATTIER (d'après)

172 — Madame Marie-Henriette de France (Le Feu), gravé par J. Tardieu. Bonne épreuve.

OUDRY (J.-B.)

173 — Frontispice, — Le Chevreuil forcé, — Le Renard vaincu, — Le Loup aux abois. Suite de quatre pièces (R. D., 1 à 4). Très belles épreuves avec l'adresse d'Huquier.

PATER (d'après J.-B)

174 — Le Désir de plaire, par L. Surugue. Très belle épreuve.

PAYE (d'après R.-M.)

175 — The Country Girl. Deux pièces faisant pendants, gravées à la manière noire, par J. Young. Très belles épreuves, grandes marges.

PERIGNON et PERNEY (d'après)

176 — Vue des collèges à Venise, — Vue de forum romain, Ruines de Rome. Cinq pièces en couleur. Très belles épreuves.

POLLARD (R.)

177 — Dash, — Modish. Deux portraits de chiens d'après Gilpin, en couleur. Très belles épreuves, avec marges.

PRUD'HON (d'après P.-P.)

178 — Choisir l'objet, par Beisson. Epreuve avant la lettre, marge.

RAMBERG (d'après)

179 — Jeune Fille tenant un oiseau, par Bartolozzi. Belle épreuve, marge.

REMBRANDT (d'après)

180 — Enlèvement de Ganymède. Très belle épreuve avant toutes lettres.

RENARD

181 — Bonaparte, général en chef de l'armée d'Italie, — Rose-Joséphine Bonaparte. Deux médaillons en regard l'un de l'autre, sur une même feuille, en couleur.

REYNOLDS (d'après sir J.)

182 — Bartolozzi (F.), gravé par R. Marcuard, in-fol. en couleur, encadré.

ROUSSELET (E.)

183 — L'Europe, — L'Asie. — L'Affrique, — L'Amérique. Suite de quatre pièces d'après G. Huret. Très belles épreuves.

ROWLANDSON

184 — *The prospect before us.* Respectfully dedicated to those Singers, Dancers, and Musical Professors, who are fortunately engaged with the Proprietor of the Kings theatre, at the Pantheon. Pièce très curieuse représentant l'intérieur d'une salle de spectacle avec deux danseurs sur la scène, publiée à Londres en 1791, en couleur. Très belle épreuve, avec marge. Rare.

RUBENS (d'après)

185 — Portrait de Rubens, — Bustes de philosophes et d'empereurs, gravés par Vorsterman et Pontius, — Le grand-duc et la grande-duchesse de Toscane, gravés par Edelinck, etc. Treize pièces.

RUGENDAS (J.-P.)

186 — Le Cerf est lancé, — La Chasse par force, — Le Cerf est pris par la meute. Trois pièces. Belles épreuves.

RUGENDAS (L.)

187 — Napoléon dans l'île Sainte-Hélène, — Les Obsèques de Napoléon à l'isle de Sainte-Hélène. Deux pièces en couleur faisant pendants. Belles épreuves. Rares.

RYLAND (W.)

188 — Her Grace, the Dutchess of Richmond, d'après Angelica Hauffmann. Belle épreuve.

SAINT-AUBIN (Aug. de)

189 — Hommage rendu aux vues bienfaisantes de l'Assemblée nationale constituante et à la loyauté de Louis XVI, in-4. Deux épreuve, dont une avant la lettre.

SAVART (P.)

190 — Louis le Grand, d'après Rigaud. Bonne épreuve.

SCHUDER (R.)

191 — Charlotte *Corday*, in-4 en bistre. Très belle épreuve, toute marge.

SERGENT

192 — Le Royal-Allemand aux Tuileries, grand in-8 en couleur pour *Tabeaux des Révolutions de Paris depuis 1789*. Très belle épreuve avant la lettre. Rare.

SERGENT (d'après)

193 — Première vue de Trianon du côté du canal, gravé en couleur par L. Guyot. Très belle épreuve, marge.

SERGENT et TESTARD (d'après)

194 — Vues de Paris, gravées en couleur et publiées chez les Campions. Dix pièces.

STOTHARD (d'après T.)

195 — The Landlord's family, — The Tenant's family. Deux pièces faisant pendants, gravées en couleur par C. Knight. Belles épreuves.

TCHEMESOFF (E.)

196 *Pierre* le Grand, empereur de toutes les Russies, in-8. Belle épreuve, marge.

TEXIER

197 — Voltaire recevant Henri IV et le grand Frédéric aux Champs-Elysées. Très belle épreuve avant la lettre, grande marge.

VANLOO (d'après C.)

198 — Portrait de Mlle Vanloo, gravé à la sanguine par Bonnet. Bel épreuve, marge.

VERNET (d'après C.)

199 Oh! c'est bien ça, gravé en couleur par Levachez. Très belle épreuve, encadrée.

VERNET (d'après H.)

200 Incroyables et merveilleuses. N° 1 à 17. Dix-sept pièces gravées par Gatine, coloriées. Rares.

VILLENEUVE (A Paris, chez)

201 — L'Enfance de Paul et Virginie, — l'Abondance, — l'Education maternelle, etc. Neuf pièces en couleur, dont cinq imprimées sur satin.

202 — Louis XVI, Marie-Antoinette et le Dauphin, représentés en bustes dans un médaillon rond, en couleur. Très belle épreuve.

VISCHER (C.)

203 Le Vendeur de mort aux rats. Bonne épreuve.

WATTEAU (d'après Ant.)

204 L'Amante inquiète, — la Rêveuse. Deux pièces faisant pendants, gravées par Aveline. Très belles épreuves, grandes marges.

WATTEAU (d'après ANT.)

205 Bon voyage. — Fêtes vénitiennes, etc. Quatre pièces.

206 Diane au bain, par P. Aveline. Belle épreuve, toute marge.

207 Le Qu'en-dira-t-on, par Crepy. Belle épreuve, marge.

208 — Le rendez-vous dans un parc. Belle épreuve.

209 — Jeunes femmes en buste. Deux pièces gravées aux trois crayons par Demarteau (419 et 420). Très belles épreuves.

210 Figures chinoises. Suite des douze pièces gravées par Boucher. Très belles épreuves, toutes marges.

211 Tartares et Mongols. Suite de douze pièces gravées par Jeaurat. Très belles épreuves, toutes marges.

WILLE (d'après J.-G.)

212 — Le Pucelage, par J.-H.-E. Belle épreuve, toute marge.

WILLE (d'après P.-A.)

213 Jeanot, dans *les Battus payent l'amende*. Gravé par Weisbrod. Très belle épreuve, grande marge.

EAUX-FORTES MODERNES

BRACQUEMOND

214 Duverger. — *Edwin Edwards*, peintre-graveur anglais. Deux pièces.

215 — Erasme, d'après Holbein. Epreuve avant toutes lettres.

216 — Portrait de Ch. Meryon, représenté assis sur une chaise, in-4. Deux épreuves, dont une sur japon et l'autre sur papier ordinaire, signées du graveur.

BRACQUEMOND

2-50 — 217 — Le haut d'un battant de porte, — Vanneaux et sarcelles. — L'Inconnu. — Les Taupes, etc. Cinq pièces.

CHAMPOLLION (C.)

30 — 218 — L'Embarquement pour Cythère, d'après Ant. Watteau. Epreuve d'artiste, signée par le graveur.

CHIFFART (F.)

1.50 — 219 — Eaux-fortes nouvelles. Quatre pièces.

DAUBIGNY

8.50 — 220 — Le Printemps, — Paysage. Deux pièces. Epreuves avant la lettre.

DESBOUTIN

7-X — 221 — Mme Th. *Ritter*. — Les premiers pas. Deux pièces.

DESBROSSES (L.)

10 — 222 — Paysages, d'après Corot. Deux pièces faisant pendants. Epreuves d'artiste, sur japon, signées par le graveur.

DIVERS

5.50 — 223 — Paysages, portraits et sujets divers, par Boilvin, Boutet, Poirson, etc. Dix pièces, en partie avant la lettre.

10 — 224 — Paysages, portraits et sujets divers, par Bracquemont, Laubat, Burnet, Peter Moreau, Ribot et Boilvin. Neuf pièces, en partie avant la lettre.

14- — 225 — Portraits et sujets, par Delacroix, Fortuny, G. Jacquet et Ribot. Cinq pièces.

5- — 226 — Marines, paysages et croquis, par Millet, Ballin, Martial, L. Loutil. Huit pièces, en partie avant la lettre.

8.50 — 227 — Vue de Paris, marines, sujets religieux, etc., par Ballin, Paglia, Feyen-Perrin, etc. Dix pièces, en partie avant la lettre.

DIVERS

228 — Paysages et sujet, par **A. Point**, Lalanne et Monziès. Cinq pièces avant la lettre.

229 — Lithographies diverses tirées du journal *l'Artiste*, la *Revue des peintres*, etc. Dix-huit pièces.

230 — Eaux-fortes, par différents artistes, des publications Cadart. Soixante-cinq pièces, en partie avant la lettre.

DORÉ (G.)

231 — Lion couché. Belle épreuve.

FANTIN (L.)

232 — Scènes tirées des opéras de Wagner. Quatre pièces.

FLAMENG (L.)

233 — Mme Devaucay. Epreuve sur chine, — Buste d'un évêque lisant. Deux pièces.

234 — Le Condamné à mort, d'après Munkacsy. Epreuve avant la lettre, sur chine, signée du graveur.

FOREL (Alexis)

235 — Paysages et vues de Paris. Treize pièces, avant la lettre en partie, sur chine et japon.

235 bis

GAILLARD (F.)

236 — Saint Georges, d'après Raphaël. Epreuve d'essai sur chine.

237 — Tête de cire du musée de Lille, d'après Raphaël. Epreuve d'artiste, sur chine, signée du graveur.

238 — Le Condottière, d'après Antonello de Messine. Epreuve avant la lettre.

239 — Dom Prosper Guéranger, abbé de Solesmes. Huit épreuves d'essai, signées du graveur; pourront être vendues séparément.

GAILLARD (F.)

240 — Le Comte de *Melun*. Epreuve avant a lettre.

GONCOURT (J. DE)

241 — La Lecture. Belle épreuve.

GREUX (G.)

242 — Paysages et sujets divers, d'après Ruisdael, Hobbema, Brascassat et Millet. Six pièces avant la lettre.

JACQUE (CH.) ET DAUBIGNY

243 — Paysages et sujets divers, gravés à l'eau-forte. Trente-sept pièces, en grande partie sur chine.

JACQUEMART (J.)

244 — L'Infante Isabelle, d'après Simon de Vos.
Une épreuve du 2e état, avant la signature de l'artiste, sur vélin.
Une épreuve du 3e état, avec la signature de l'artiste.

245 — La belle-fille de Goya. Deux épreuves du 3e état, avec la signature de l'artiste.

246 — Défilé des populations lorraines devant Sa Majesté l'Impératrice, à Nancy, d'après le dessin de E. Meissonier.

247 — Fleurs et composition japonaise. Deux pièces avant la lettre.

JASINSKI

248 — Portrait de la fille de Mme Vigée-Lebrun. Epreuve d'artiste, sur vélin, signée du graveur.

KRATKÉ (L.)

249 — Bergers gardant leur troupeau. Epreuve d'artiste, sur japon.

KRATKÉ (L.)

250 Paysages, d'après Rousseau, — le Soir. Quatre pièces. Epreuves avant la lettre.

L'ALAUZE (A.)

251 Entrée de Charles-Quint à Anvers, d'après Hans Makart.

LEGROS (A.)

252 S. Em. le cardinal Manning, archevêque de Westminster. Épreuve du deuxième état, signée par le graveur.

253 — Procession dans une église espagnole (49). Très belle épreuve du troisième état.

LELOIR (M.)

254 — Le Clairon au cabaret. Sept épreuves avant la lettre.

LUNOIS (A.)

255 — Le Pot de vin, d'après L. L'Hermite. Epreuve d'artiste.

MEISSONIER

256 — Polichinelle. Très belle épreuve.

MEISSONIER (d'après)

257 — Les Amateurs d'estampes, par J. Jacquemart. Epreuve avant la lettre, sur chine.

258 — Le Rapport, par A. Mongin. Deux épreuves d'essai, non entièrement terminées.

259 — Les Amateurs d'estampes, par Ch. Courtry. Epreuve sur japon, avec croquis dans la marge du bas, représentant le portrait de Meissonier, signée par le graveur.

260 — Une Lecture chez Diderot. Epreuve à l'état d'eau-forte, signée du graveur.

MEISSONIER (d'après)

261 — Le Dessinateur. Epreuve d'essai à l'eau-forte pure.

262 — La Halte, par L. Flameng. Epreuve sur chine.

263 — Cavalier en costume militaire Louis XV, gravé par Courtry. Epreuve sur velin, avec croquis dans la marge du bas, signée du graveur.

264 — Portrait d'Alexandre Dumas, gravé par A. Mongin. Epreuve d'essai, signée du graveur.

265 — Hommes d'armes. Composition de six figures, lithographiée par Sirouy. Cinq épreuves d'artistes, sur japon.

266 — Homme d'armes, lithographie par Dufourmantelle. Epreuve sur chine.

MERYON (Ch.)

267 — Vue de l'ancien Louvre du côté de la Seine, d'après Zeeman, — Passerelle du Pont-au-Change après l'incendie de 1621, — Ministère de la Marine, — Petite marine, d'après Zeeman. Cinq pièces.

NIEL (Mlle G.)

268 — Restes gothiques de l'Hôtel-Dieu de Paris. Belle épreuve.

NITTIS (De)

269 — Jeune femme à demi couchée. Deux épreuves sur chine.

RAJON

270 — Docteur dans son laboratoire. Grande pièce en largeur. Très belle épreuve avant la lettre.

271 — Portrait de femme d'après Reynolds, — La Femme au chapeau de paille, d'après Rubens, — Rembrandt dans son atelier, gravant, etc. Cinq pièces avant la lettre.

RAJON

272 — Portraits d'enfants. Trois pièces imprimées en sanguine.

RUET (L.)

273 — L'Atelier, d'après Leloir. Epreuve sur chine.

SEYMOUR-HADEN

274 — Whistler's House at old Chelsea, 1863, — Falham.
Deux pièces. Très belles épreuves.

275 — Paysage avec rivière; au milieu, un bateau avec sa
voile tendue. Deux épreuves, dont une sur chine.

276 — Sous ce numéro, il sera vendu dix portefeuilles d'estampes diverses, eaux-fortes modernes, photographies,
dessins, gravures encadrées, partie du Musée Réveil, etc.

277 — Sous ce numéro, il sera vendu un portefeuille d'estampes
de l'Ecole française du dix-huitième siècle, portraits, etc.
Gravures encadrées.

DESSINS

ANONYME

278 — Vues des plages de Saint-Malo et Dinard. Quatre dessins
à l'aquarelle.

LELOIR (M.)

279 — Le Joueur de mandoline, composition de quatre figures.
à la plume.

MEISSONIER

280 — Raphaël et la Fornarina. Au crayon noir, rehaussé de
blanc.

PRUD'HON (P.-P.)

281 — Etudes de figures académiques. Quatre dessins aux crayons noir et blanc, sur papier bleu.

SERGENT (L.)

282 — Arabe en embuscade tirant un coup de fusil. A la plume, signé.

SUPPLÉMENT

ALIX (P.-M.)

283 — *Pie VII*, souverain pontife, d'après Wicar, in-fol. en couleur. Très belle épreuve, toute marge.

BAUDOUIN (d'après P.-A.)

284 — Le Chemin de la fortune, par Voyez Major (E. B.). Superbe épreuve avant la lettre, marge.

BONNART et TROUVAIN

285 — Portraits de Princes et Princesses de la cour de Louis XIV. Quinze pièces. Très belles épreuves, toutes marges.

BUNBURY (d'après)

286 — Like a Worm It bud feedinher Damask Sheeck, gravé en couleur, par Bartolinii. Très belle épreuve.

DEBUCOURT (P.-L.)

287 — Minet aux aguets. Très belle épreuve.

288 — Mort du prince Joseph Poniatowski, d'après Vernet, en couleur. Belle épreuve.

DIVERS

289 — Paysages, — Vues de Paris, — Marines, etc. Douze pièces, en noir et en couleur.

290 — Portraits, vignettes et sujets divers. Vingt et une pièces.

DUGOURE (J.-D.)

291 — Arabesques inventés et gravés par J.-D. Dugoure, 1782. Suite de six pièces. Belles épreuves, grandes marge.

DUGOURE (d'après J.-D.)

292 — Le Lever de la mariée, par Ph. Trière. Superbe épreuve avant la lettre, marge.

DUTAILLIS (d'après)

293 — Buonaparte, général en chef de l'armée d'Italie, plantant un drapeau sur le pont d'Arcole, gravé par Ruotte. Très belle épreuve, marge.

FACIAS (G.-S.)

294 — *Catherine II*, impératrice de Russie, in-4 en sanguine. Belle épreuve.

FICQUET (Et.)

295 — *Maintenon* (Françoise d'Aubigné, marquise de), d'après Mignard. Très belle épreuve sur papier double.

GREUZE (d'après J.-B.)

296 — La Bonne éducation, par Moreau et Ingouf. Très belle épreuve, marge.

INCROYABLES

297 — Point de convention, par Tresca. Belle épreuve.

JANINET ET GUYOT

298 — Vues de Paris et d'Angleterre. Cinq pièces en couleur. Belles épreuves, toutes marges.

LARMESSIN (A Paris, chez DE)

299 — Metiers de Paris, — L'Eau, etc. Sept pièces.

LAVREINCE (d'après N.)

300 — Le Lever des ouvrières en modes, par F. Dequévauviller. Très belle épreuvs.

MOREAU ET DUCREUX (d'après)

301. — Portrait de l'impératrice *Marie-Thérèse*, gravé par Cathelin, — de *Joseph II*, par Gaucher, et quatre vignettes in-8, gravées par Duclos, de Launay, Simonet et B. L. Prevost, pour les *Annales de Marie-Thérèse*. Superbes et rares épreuves avant la pagination dans le haut; le portrait de Joseph II est en tirage hors texte et les six pièces sont à toutes marges.

OZANNE (d'après N.)

302 — Les Ports de France. Quarante-six pièces, en grande partie à toutes marges.

REYNOLDS (d'après sir J.)

303 — *Bartolozzi* (P.), gravé par R. Marcuard, in-fol. en bistre. Très belle épreuve avant la lettre (lettres tracées.)

SAINT-JEAN (J.-D. DE)

304 — Le Roy, — La Reine, — Monseigneur le dauphin, — Madame la dauphine, — Monsieur, — Madame. Six portraits in-fol. en pied.

VERNET (d'après C.)

305 — La Danse des chiens, par Levachez fils, en couleur. Très belle épreuve, marge.

VINKELES

306 — Frederica Sophia Wilhelmina, princesse d'Orange et Nassau, d'après Haag, in-fol. équestre. Belle épreuve, toute marge.

WILLE (J.-G.)

307 — *Pope* (Alexandre), d'après Kneller. Belle épreuve.

308 — Les Saisons, par Jazet, en couleur. Quatre pièces encadrées.

309 — Miss Bingham, par Bartolozzi, d'après Reynolds, encadré.

Imp. D. Dumoulin et Cⁱᵉ, rue des Grands-Augustins, 5, à Paris.

IMPRIMERIE D. DUMOULIN ET Cie

Rue des Grands-Augustins, 5, Paris.